기 적 의 숫 자 퍼 즐

네모네모
로직®

고급편

5   PLUS

C O N T E N T S

제우미디어

풀이법

설명의 순서대로 한 번만 따라 칠해보면 로직해법을 마스터할 수 있습니다!

기본 규칙

■ 숫자는 '연속해서 칠할 수 있는 칸의 수'를 의미한다.
■ 한 줄에 여러 개의 숫자가 있을 때는, 숫자와 숫자 사이에 반드시 한 칸 이상을 띄고 칠해야 한다.
■ 칠할 수 없는 칸은 ✕로 표시한다.
■ 완성된 숫자는 ◯로 표시한다.

1

문제의 크기는 5x5이다.

❶은 세로 다섯 칸 중 세 칸을 연속해서 칠해야 한다는 뜻이다.

❷는 두 칸을 칠한 후, **한 칸 이상을 띄고** 다시 두 칸을 칠해야 한다는 뜻이다.

2

5는 다섯 칸을 연속해서 칠해야 한다. 다섯 칸을 모두 칠하고, 완성된 5에 ◯로 표시한다.

3

위쪽의 3은, 세 칸이 연속해서 칠해져야 하니 맨 밑줄은 칠할 수 없게 된다. ✕로 표시한다.

4

위쪽의 4는, 네 칸이 연속해서 칠해져야 한다. **경우의 수를 따져보면** 네 번째 줄을 칠할 수 있다.

잠깐!

3

이 경우, 세 칸을 연속해서 칠할 수 있는 경우는 A, B 두 경우이다. 그러므로 칠할 수 없는 마지막 칸은 ✕로 표시한다.

A　B

잠깐!

4

이 경우, 네 칸을 연속해서 칠할 수 있는 경우는 A, B 두 경우이다. 여기서 네 번째 칸은 무조건 칠해진다.

A　B

5

왼쪽의 3이 **완성**되었으니 숫자에 ○로 표시하고, 네 번째 줄의 양 옆을 ✕로 표시한다.

6

위쪽의 3을 다시 보면 네 번째, 다섯 번째 칸이 ✕로 표시되어 있다. 그럼 첫 번째 칸을 칠해야 3이 완성된다. 완성된 3은 ○로 표시한다.

7

왼쪽의 2는 두 칸이 **연속해서 칠해져야** **하니**, 두 번째 칸과 네 번째 칸을 칠할 수 있다. 세 번째 칸은 ✕로 표시하고, 완성된 2는 ○로 표시한다.

8

이렇게 되면 위쪽의 두 번째, 네 번째가 완성된다. 완성된 4를 ○로 표시하고 맨 밑줄은 ✕로 표시한다.

9

이제 남은 것은 위쪽의 4와 왼쪽의 1이다. **맨 밑줄의 남은** **한 칸을 칠하면**, 위쪽의 4이자 왼쪽의 1이 완성된다.

잠깐!

네모 로직의 문제 크기가 큰 경우, **큰 숫자부터 공략하는 것**이 쉽다. 예를 들어 문제가 10x100이고 한 줄인 열 칸 중에서 아홉 칸을 연속해서 칠해야 할 때,
전체 칸 수(10) - 해당 칸 수(9) = **빈 칸 수(1)**
이 공식을 이용하면 경우의 수를 쉽게 풀 수 있다. 여기서는 1이 나왔으니 **위아래 한 칸씩**을 비우고 가운데 여덟 칸을 칠한다.

중요한 로직 풀이 TIP!

문제의 크기가 큰 로직 중에는 위의 설명만으로 해결되지 않는 것이 있다. 그럴 때 이것만 기억해 두면 손쉽게 풀 수 있다.

위에서부터 칠했을 때와 아래에서부터 칠했을 때 겹쳐지는 칸이 어디인지를 찾는다. 이때 숫자의 순서는 반드시 지켜야 하며 점을 찍어가며 생각하면 편하다.

❶ 한 칸에 점을 찍고, 한 칸 띄고 6칸에 점을 찍는다.
❷ 뒤에서부터 6칸에 점을 찍고, 한 칸 띄고 한 칸에 점을 찍는다.
❸ 겹치는 부분을 찾아 칠한다.

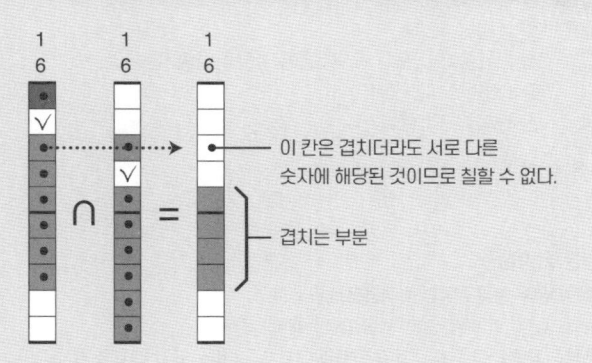

이 칸은 겹치더라도 서로 다른 숫자에 해당된 것이므로 칠할 수 없다.

겹치는 부분

네모네모 로직® 플러스 고급편 5

초판 1쇄 펴냄 2024년 9월 25일

편   저 ㅣ 제우미디어
발 행 인 ㅣ 서인석
발 행 처 ㅣ 제우미디어
등 록 일 ㅣ 1992. 8. 17
등록번호 ㅣ 제 3-429호
주   소 ㅣ 서울시 마포구 독막로 76-1 한주빌딩 5층
전   화 ㅣ 02) 3142-6845
팩   스 ㅣ 02) 3142-0075

I S B N ㅣ 979-11-6718-472-6
          978-89-5952-895-0 (세트)

만든 사람들

출판사업부 총괄 김금남 ㅣ **책임편집** 민유경
기획 신은주, 장재경, 안성재, 최홍우 ㅣ **제작** 김용훈
문제 디자인 나영 ㅣ **표지·내지 디자인** 디자인그룹올 ㅣ **표지·내지 조판** 디자인수

A1 바람에 따라 흘러가요

난이도 ★☆☆☆☆

30×30

행 힌트 (세로):

- 3
- 5
- 2 1
- 3 2
- 2 4
- 2 1 3
- 5 1 3
- 2 5 4
- 2 1 5
- 2 1 4
- 2 1 3 1
- 1 2 2 2
- 6 2 1 1
- 2 4 2 1 2
- 1 5 2 3
- 2 2 1 5
- 1 2 1 6
- 2 1 1 6
- 9 8
- 5 5
- 6
- 2
- 12
- 1 2
- 1 2 2 2 1
- 21
- 2 1
- 2 2
- 2 1
- 30

30×30

Column clues:

1	2	3	4	5	6	7	8	9	10	11	12	13	14	15	16	17	18	19	20	21	22	23	24	25	26	27	28	29	30
	2		1	3	5	1	1	1	2														2		1				
	3	1	2	1	2	3	2	2	2	2	4	2			3	2		1	1	4	2	1	3	5	4	2	9		
13	10	2	3	5	3	2	2	2	2	2	2	3	1	3	2	2	2	3	3	2	3	3	2	2	3	3	7	9	17
7	1	11	6	2	1	3	3	2	2	2	1	2	3	2	2	1	4	2	3	2	3	3	2	3	6	8	2	13	7

Row clues:

					12
	2	2	3	3	
		2	1	6	
		1	2	6	
	2	1	2	3	
	3	2	1	3	
5 2	2	1	2	3	
	2	3	4	1	4
	5	2	2	2	4
2 3	2	1	1	2	1
1 2	2	2	2	1	1
1	2	2	3	2	1
2	2	2	1	2	2
3	2	2	2	1	2
	4	2	2	2	3
	1	3	2	1	3
	1	2	2	2	4
	1	2	1	1	5
		2	2	2	4
		3	2	7	
		4	1	6	
		5	3	2	
			5	5	
		3	3	4	
			8	2	
		5	3	1	
			4	3	
			4	2	
		1	3	2	
				6	

A3 영어로는 젤리피쉬라고 해요

난이도 ★☆☆☆☆

30×30

세로 힌트 (열, 30칸):

1	2	3	4	5	6	7	8	9	10	11	12	13	14	15	16	17	18	19	20	21	22	23	24	25	26	27	28	29	30
		3																									3		3
		3	1	3	3					2											2						1	1	3
3	2	2	2	1	3	7	3	2	3	1					1		1	2		3	6	3	1	3	2	2			
6	2	1	5	1	3	2	1	2	2	2	2	1	1	1	1	1	1	2	3	2	2	1	2	3	9	2	1	2	3
2	4	2	2	13	12	5	6	14	6	2	2	2	3	2	1	2	2	3	2	6	1	4	5	12	5	4	2	4	6
2	2	2	4	2	2	3	5	1	2	4	13	11	2	13	15	2	13	14	4	2	12	4	3	2	1	5	1	2	2

가로 힌트 (행, 30칸):

행	힌트
1	4 8
2	7 3 3 3
3	10 10
4	5 9
5	2 2 3
6	4 2 1 2 1
7	3 5 2 3 4
8	2 3 6 8 3
9	1 2 4 2 2
10	1 1
11	1 1
12	1 1
13	2 1
14	3 1 1 2
15	7 1 4
16	7 5 4
17	3 20
18	3 2 6 2 7
19	2 2 2 2 2 2
20	3 2 2 2 2 3 2
21	3 2 2 2 2 2 3
22	2 3 2 2 2 2 2 3
23	2 4 2 2 2 2 2 2
24	7 2 2 2 2 2 3 2
25	2 2 3 2 2 2 2 7
26	1 3 2 2 2 2 2 5
27	5 2 3 2 3 2 3
28	3 3 2 2 2 3 2 1
29	5 3 3 3 3 3
30	3 3 2 2 3

30×30

Column clues (top):

											2																		
									2	2	5																		
						2	3	2	2	1	2	1	4	1															
			3	3	2	2	2	1	2	1	2	2	1	1	4	1													
	3	2	3	3	3	2	2	1	2	1	2	2	1	1	2	2	1	2	6	2	4		7						
4	3	2	2	2	2	2	1	2	2	2	2	3	3	2	2	1	2	5	7	5	3	3	2	6	2				
4	4	4	3	4	1	2	2	2	1	4	7	8	4	4	4	5	2	2	1	2	2	2	1	2	2	2	2	8	
2	5	1	1	1	1	1	1	1	1	1	2	1	1	2	1	2	1	2	3	3	4	3	3	3	3	3	6	3	5
5	3	3	3	3	3	3	3	3	3	3	3	3	4	3	3	4	3	4	1	1	2	2	3	3	4	4	5	5	6

Row clues (left):

| 7 6 |
| 10 5 |
| 4 2 2 4 |
| 3 6 4 |
| 2 3 4 2 3 |
| 3 3 3 2 3 |
| 2 3 2 8 2 |
| 3 4 3 3 5 1 |
| 7 2 2 3 2 |
| 4 2 3 5 2 |
| 3 2 3 3 1 |
| 2 2 3 3 1 |
| 2 2 3 4 1 |
| 2 3 3 6 2 |
| 1 2 3 2 3 2 |
| 1 2 2 1 1 2 |
| 4 2 4 2 4 |
| 2 10 3 2 |
| 2 7 2 3 |
| 2 6 2 3 |
| 2 4 3 3 |
| 2 2 3 |
| 2 3 4 |
| 2 3 4 |
| 2 4 5 1 |
| 12 6 3 |
| 1 7 5 |
| 19 7 |
| 16 9 |
| 13 11 |

A5 음 오늘은 동남풍이군

난이도 ☆☆☆☆☆

35×35

																3	5																	
											1	2				8	1			3	2							2		1				
	2	5									1	1	1			3	2	4		2	3						1	1	1	2	3			
2	3	4	9				8		13	11	10	11	17	18	16	2	1	1	1	2	2	2	2	1	2	4	2	2	2	2	2	2		
3	4	3	3	11	12	11	3	16	1	3	2	2	3	2	4	3	4	11	1	2	2	6	2	3	2	3	5	3	5	2	2	3	2	
8	8	2	2	9	9	2	2	3	2	2	2	2	2	2	2	1	2	3	24	1	1	2	2	2	2	2	2	4	4	2	2	5	3	0

						3
						3
						5
						9
					3	2
						9
						6
						5
					3	4
					6	5
			7	6	2	2
		1	5	16	2	1
					16	10
				16	1	2
				2	13	1
			1	14	1	5
			14	1	1	2
		2	11	1	2	2
		2	10	2	4	2
			1	8	2	9
				3	7	2
				3	7	4
			2	7	1	6
		9	2	1	2	2
2	2	4	1	2	2	4
	2	2	4	2	4	4
		3	2	2	5	2
			6	2	2	2
				6	3	6
			2	3	2	14
			2	2	10	11
						20
					9	2
						4
					2	1

A6 누구인가?

난이도 ★☆☆☆☆

35×35

A7　달콤한 크림이 부드러워요

난이도 ★★☆☆☆

35×35

Nonogram puzzle (35×35).

Row clues (top to bottom):

- 35
- 22 11
- 18 2 10
- 11 2 1 3 9
- 6 2 2 6 7
- 2 2 1 7 5
- 2 3 8 4
- 2 2 1 9 3
- 2 1 1 8 1 3
- 2 2 9 2 1 2
- 5 1 1 1 1 2 1
- 5 3 2 4 1
- 3 1 1 3 6 3
- 2 1 1 2 3 3 1
- 1 1 1 2 3 2
- 1 1 1 2 5 5
- 4 5 4 3 1
- 2 5 4 5 4
- 2 3 5 3 1
- 1 4 4 4 1
- 1 4 3 6 3 1
- 4 4 10 5 1
- 1 4 4 4 8
- 5 5 3 5 1
- 1 9 5 5 3
- 1 4 6 9 4 1
- 3 4 6 4 2
- 1 4 4 3 3
- 1 6 3 4 5
- 1 9 3 3
- 7 4 5
- 1 5 4
- 7 4
- 1 5
- 8

A8 멘탈이 약한 사람에 빗대어 표현해요

난이도 ★★☆☆☆

35×35

			3	6																														
			1	1	8												1	1																
		3	1	2	2	15										1	1	1			1				2	1		1						
		1	2	2	9	3	10	8	7	5	4			1	2	1	1	1	1	1	6	1	1	1	2	2	2	4	1				2	
7		1	2	1	2	2	3	4	2	1	3	3	1	4	3	1	1	1	2	4	2	4	2	2	1	1	4	2	2	2	1	2	2	8
7	12	5	4	4	2	2	4	1	2	3	1	4	1	1	2	3	2	2	2	2	2	2	1	1	2	1	2	3	1	2	2	3	5	7
3	9	7	6	5	3	4	3	3	2	2	2	2	2	1	4	6	6	6	6	3	3	4	4	5	5	6	6	3	8	7	9	10	11	5

					4
					5
					6
					6
					7
				9	11
				11	3
				8	4
				6	3
				4	2
				6	2
	2	2	1	3	1
	2	1	2	5	1
2	2	2	1	3	2
		7	7	3	2
	2	2	2	4	1
	2	1	5	2	1
	2	3	1	1	2
		6	5	3	1
2	1	2	2	2	1
	1	2	5	2	1
			6	3	2
		3	2	1	1
		1	1	2	1
	1	2	4	2	2
	1	5	1	3	3
	2	2	2	2	4
	2	2	5	3	6
	3	4	2	5	7
		4	3	13	8
	5	4	1	6	11
	6	4	6	6	6
			9	5	14
			14	4	14
	5	9	4	9	4

35×35

세로(행) 힌트

행	힌트
1	2 9 4 5 11
2	6 1 6 14 1
3	4 8 7 7
4	3 10 9 3
5	2 3 3 4 2
6	2 21 2 1 1
7	1 19 2 3
8	1 1 9 2 2 2 2
9	1 2 3 2 2
10	1 1 5 3 1
11	1 2 2 3 4 3
12	2 1 4 5 3 3
13	2 1 4 5 3
14	3 1 4 5 3 3
15	4 1 2 3 2 3
16	5 1 3
17	6 7 1
18	6 9 1 1 3
19	6 9 3 1 5
20	2 2 12 1 2 1
21	1 1 2 4 1 2 1
22	1 1 2 1 2 1
23	1 1 1 1 2 1
24	1 1 1 8
25	1 3 1 1 2 1 2
26	1 2 1 1 3 2 1 3
27	2 2 1 1 3 1 1 1
28	1 1 2 1 2 1
29	1 3 2 2 1
30	2 4 2
31	1 2
32	2 3
33	2 2 4
34	3 4 5 6
35	23

A10 위협하기 위해 부풀어요

40×30

A11 키링이라고도 불러요

40×30

40×30

(Nonogram puzzle grid, 40 columns × 30 rows, with row and column clues)

40×40

A14 화이팅! 멋지다!

난이도 ★★☆☆☆

40×40

																		2																	11				
																	4	1			3	4	9								12				4				
												19		9		6	1	2	2	2	1	1	5	1			13				3	18		4	4				
										18	20	1	18	3	8	2	2	1	2	2	2	4	3	14	2		2	16	8		4	1		16	1	20		12	7
										2	2	2	2	1	2	1	2	1	4	6	2	5	3	3	9	5	1	5	8	20	2	2	20	2	2	5	19	5	8
	2	3	4	4	7				20	3	3	4	2	3	3	2	7	4	5	4	6	11	2	2	7	5	3	6	10	2	1	3	5	2	2	2	4	3	1
17	12	9	6	3	1	10	13	17	2	1	2	2	6	4	2	2	2	4	2	2	6	2	1	2	4	6	8	2	2	2	2	5	5	4	4	2	3	3	6

							10	6	9
								13	15
							8	4	14
							9	3	14
						8	3	8	5
							11	3	13
							8	5	13
							11	3	12
					8	3	5	2	10
							7	5	13
						7	1	2	13
					8	1	2	8	4
				8	4	2	4	6	1
						8	3	3	12
							10	2	13
							10	3	13
					10	3	2	3	3
						10	6	3	10
				10	4	2	1	2	5
				10	4	2	1	7	2
		8	3	3	3	1	2	2	3
		3	2	3	3	3	2	2	4
1	2	3	2	4	1	1	3	2	1
	1	2	3	2	1	1	3	5	1
1	2	2	2	1	1	2	3	1	2
		1	2	4	1	1	2	2	1
	1	1	2	4	1	1	2	1	2
		1	2	2	1	1	1	1	1
			2	1	2	1	4	1	2
				2	2	3	3	1	2
				2	1	2	3	2	2
				3	2	2	3	1	2
					3	1	4	2	1
				3	2	2	2	2	3
				4	3	3	2	3	3
					4	5	2	4	3
					4	3	4	4	2
					5	3	3	3	1
						5	3	5	2
						6	2	6	2

40×40

A16 가을이면 알록달록 이뻐요

40×40

Column clues (top, read top-to-bottom per column):

```
                                              1
                            2 2 1     1 1
                4           1 1 1     2 2                        2 1 2 1         3 2         2
            4 2             2 2 1 4 1 3                          2 2 2 2     2 7 5 3 1     2 3 4 5
          3 6 5 1           1 2 3 4 4 1 3 2 2 2         2 2 2 3 6 2 1 1 1 1 4 2 2 1 1 2 1 5 5
          7 6 6 1 2 1     1 2 4 2 4 4 3 2 4 1 1 1 1 1     1 2 2 7 4 3 2 2 1 3 3 5 5 6 2 2 5
       14 5 4 3 5 4 3 3 5 2 5 2 3 3 2 1 5 8 1 2 1 2 6 4 12 8 2 3 2 2 2 2 4 2 2 2 2 7 7 4
        3 4 2 4 5 5 1 4 3 9 3 7 2 1 1 2 1 5 14 12 10 16 19 19 6 7 7 2 5 6 2 2 2 2 2 3 2 1 7
        3 2 1 1 14 12 9 15 19 17 8 2 2 2 2 2 4 5 7 8 9 10 10 10 2 1 1 2 3 3 4 4 4 2 2 2 3 6 10 6
```

Row clues (left):

Row	Clues
1	2 9 5 3 7
2	2 4 6 3 2 7
3	2 4 2 3 2 3 6
4	5 2 5 7 2 5
5	2 3 2 11 3 4
6	2 2 2 2 5
7	1 1 3 2 2 3 5
8	1 2 2 3 3 2 1
9	1 1 1 5 1 2 1
10	1 1 3 2 3 1 2
11	1 2 2 1 2 2 2 2
12	1 2 2 2 4 2 5
13	2 1 2 4 4 3 3
14	2 2 2 5 4 8
15	3 1 1 9 3 3
16	4 2 1 12 6
17	6 3 15 8
18	10 15 9
19	6 2 16 8
20	4 16 6
21	2 1 12 4
22	1 2 9
23	3 4 11 3
24	4 4 8 5 7
25	5 4 8 3 4 3 1
26	5 3 8 3 1 1
27	13 1 3 3 2
28	12 1 5 2
29	8 4 2 1 2
30	13 6 1 1
31	16 7 2 1
32	15 8 2 6 1
33	3 7 9 11
34	10 2 9 3 3
35	7 5 7 2 1 2
36	4 3 7 2
37	3 3 10 3 2
38	1 2 9 5 3
39	2 1 11 6 2
40	4 5 7

A17 소리가 무서워요

40×40

40×40 네모로직 (Nonogram)

세로 힌트 (열) — 왼쪽부터 오른쪽으로

가로 힌트 (행) — 위에서 아래로:

행	힌트
1	3 3 5 6
2	3 3 3 6 7
3	2 3 2 2 8 10
4	7 1 18
5	5 5 13 5
6	2 1 1 7 5 5
7	1 3 2 12 5
8	4 3 10 5
9	1 1 4 2 5
10	2 1 4 2 4
11	2 4 8 4
12	3 3 2 4 4
13	3 6 4 3
14	4 2 6 3
15	2 3 7 3
16	1 11 5 3
17	3 6 5 3
18	2 3 7 3
19	1 4 3 4 2
20	1 11 5 2
21	3 6 2
22	5 7 1
23	1 4 6 3 1
24	2 13 3 1
25	2 6 5 1
26	3 2 5 7 1
27	6 2 12 4 1
28	1 4 10 3
29	1 1 8 3
30	3 1 8 5 3
31	5 1 13 3 1 3
32	1 4 10 3 1 1 1
33	2 2 5 3 5 1
34	3 5 4 2 2 2
35	6 8 1 4
36	1 12 3 8
37	2 7 3 2 2 3
38	3 5 1 1 3
39	3 7 1 2 4
40	10 6

세로 힌트 (열) — 위에서 아래로, 왼쪽부터 오른쪽으로:

열	힌트
1	3
2	2 2 5 1
3	2 5 3
4	1 2 5 2
5	4 4 5 1
6	3 2 1 2 4 1 5
7	1 2 2 5 2 7
8	2 2 4 2 2 4
9	2 1 5 3 2 1 2 2
10	1 2 3 1 2 1 6 2
11	2 2 2 2 2 2 1 2
12	2 4 1 2 1 2 2 4
13	1 2 1 1 1 1 2
14	1 1 2 3 2 4 6 2 1
15	2 1 2 2 1 1 1 1
16	2 1 9 1 1 11 1
17	3 1 9 1 11 1
18	1 2 1 1 11 1
19	3 3 1 2 3 11 1
20	3 1 1 2 2 4 8 2
21	2 1 2 1 6 1 6 2 3
22	3 2 1 2 2 2 2 2 3
23	2 1 1 2 1 1 2 2 6
24	4 2 2 1 2 1 2 6
25	4 4 2 1 2 3 8
26	1 2 1 2 6 3 18
27	1 3 3 10 4
28	3 4 4 4 1
29	4 2 1
30	4 3 4 2 5
31	12 1
32	9 1 2
33	1 18 5
34	21 6
35	27 4

A19 무슨 좋은 노래를 듣고 있나 봐요

난이도 ★★☆☆☆

45×45

Column clues (top, read top-to-bottom per column):

```
                        6 4       2             2 2 2 3     1 6
                        3 1 2 2 10             5 4 4 3 2 2 3 4      4 5       1   3 2
            6          7 12 8 2 1 5 1     2 2 1 2 1     1 1 1 1 3 1 2 5 1 1     3 2 1 2 1 2 2
         3 2 11 10 10 7 4 9 1 3 1 7 1 5 19 10 5 6 1 1 1 2 2 2 2 1 7 1 2     6 2 7 1 1 3 4 1 2 2 4 2
        14 14 15 15 14 15 3 8 7 2 2 2 1 2 2 6 4 2 3 2 2 2 3 2 4 4 8 2 3 16 3 1 1 2 2 1 1 2 2 2 4
        17 4 5 5 6 7 8 19 8 6 4 4 2 5 2 3 9 4 2 2 1 1 1 2 7 4 6 11 21 21 21 21 20 20 12 12 12 11 11 10 10 9 18 17
```

Row clues (left side, top-to-bottom):

```
                      7
                     12
                  4   2
                  4  11
                  3  14
                  3  16
                3 7   5
                2 6   3
                3 6   3
              2 3 4   4
              7 4 2   2
              8 4 6   2
          8 4 4 2     9
       10 3 2 2 2     3
      6 3 2 2 5 3     2
  6 7 5 2 1 1 2       2
  4 2 2 1 1 1 2       1
  3 1 2 2 1 2 2       1
    3 4 2 2 6 1       3
    3 2 3 2 3 2       3
      2 2 1 6 4 6     2
    3 1 1 3 2 2 2     2
    1 1 1 1 6 2 5     2
3 1 1 1 2 5 2 3       3
      4 1 1 1 1 14    5
        5 1 1 1 13    4
            7 2 15    3
        7 2 2 15      2
          9 1 2       18
          9 2 3       18
         10 2 3       17
         11 3 2       17
         11 4 3       17
         12 1 6       17
            10 1      18
            10 2      18
        6 1 2 1       16
        5 3 2 2       11
          4 4 4       8
          2 6 2       9
          1 8 2       9
           12 2       9
             14       9
             13       9
             12       9
```

A20 우리나라엔 장미란 선수가 있어요

난이도 ★★☆☆☆

45×45

Row clues (left):

#	Clue
1	11 8
2	4 4 3 6
3	2 7 1 9
4	2 12 2 4 4
5	1 4 5 2 1 4 3
6	1 3 17 4 3 2 2
7	1 4 3 1 5 2 3 2 3
8	1 3 5 1 7 4 3 6
9	1 4 4 2 10 3 2 2
10	1 10 1 1 2 4 3
11	2 9 2 1 2 4 4
12	1 7 1 2 5 1 4 8
13	3 6 1 10 2 2 6
14	9 2 9 1 8
15	1 2 5 1
16	2 1 2 1
17	1 3 2 2 1
18	4 1 3 2
19	1 1 2 1 4
20	1 2 2 2 1
21	9 1
22	2 2 2
23	3 3 1
24	4 5 2
25	10 1
26	13
27	11
28	9 2
29	6 7 1 15
30	10 3 3 14
31	11 6 6 13
32	4 15
33	2 2 14
34	1 2 14
35	1 1 15
36	4 1 13 6
37	2 8 5 2 1 3
38	1 1 2 2 1 2
39	2 1 3 2 3
40	1 1 5 3
41	1 1 6 4
42	3 2 6
43	8 7 5
44	5 9 13 6 2
45	7 8 17 5 3

45×45

가로 힌트 (행)

- 5 10 11 6 6 2
- 1 11 9 8 12
- 3 25 12
- 1 1 7 10 2 5 6
- 3 6 5 13
- 1 3 3 11 1
- 4 1 2 5 7
- 2 4 1 1 2 10
- 3 4 2 2 11
- 1 3 7 1 3 4
- 2 2 7 1 2 3
- 2 2 3 1 2 2 2 1
- 2 5 1 2 1 3 1
- 3 3 1 3 1 2
- 2 3 2 1 2 2 2 1
- 2 3 4 2 2 1 3 3 1
- 12 1 1 1 3 4 2
- 5 3 1 2 2 2 5 2
- 2 3 1 1 2 5 3
- 3 3 2 2 2 3 11
- 2 3 1 5 3 2 3 3
- 3 3 5 3 3 4 2 4
- 2 2 3 1 5 2 1 3 1
- 2 3 1 4 2 2 2
- 2 3 4 7 4 1
- 7 4 5 3 1
- 6 2 3 3 2 1
- 6 3 2 3 5
- 5 4 2 3 6
- 5 3 7 8
- 4 6 6 7
- 4 5 3 6
- 3 4 2 5
- 3 3 2 4
- 3 2 4 2 4
- 3 2 12 2 3
- 4 1 14 2 3
- 2 1 5 5 2 2
- 1 5 4 2 2
- 5 4 4 2 1
- 7 4 1 1
- 10 4 2
- 14 4 1
- 17 4
- 20 2

45×45

Row clues (top to bottom):
- 2 2 6
- 2 2 5 2 3
- 3 2 2 6 3
- 2 2 1 6 2
- 2 3 1 5 2
- 3 2 2 3 3 1
- 3 2 2 7 3 1
- 5 11 5
- 1 5 2 3 5 2
- 2 4 1 2 4 2
- 2 4 3 3 5 1 3 2 3 2
- 2 3 11 3 1 2 3 1
- 2 3 2 4 4 3 2 1 1
- 6 1 2 4 2 5 1 1 2
- 5 1 2 4 2 3 5
- 5 1 2 4 3 3
- 4 2 4 6 10
- 5 14 2 6
- 4 3 6 2 2 3 1
- 3 1 1 5 2
- 4 1 2 2 1
- 4 2 2 1 2 1
- 7 1 2 2 1
- 4 4 2 3 1 1
- 3 4 5 6 3 1
- 3 5 4 8 1
- 4 5 1 4 1
- 2 3 5 3 2 7
- 2 3 5 17
- 2 3 7 2 10 3
- 3 3 7 1 9
- 25 12
- 3 1 7
- 4 1 1
- 4 15 4
- 27 2 2 5
- 27 2 2 5
- 4 1 2 1 5
- 4 1 2 1 5
- 4 1 2 1 5
- 25 8 4 4
- 24 15 4
- 4 9 5 4
- 4 6 1 6 5
- 4 6 6

45×45

45×45

Row clues (left to right):

- 8 7 10
- 2 2 2 2 14
- 1 6 1 2 6 2 15
- 1 4 1 1 4 1 16
- 1 2 1 1 17
- 2 6 2 6 2 3 3 8
- 3 2 2 2 2 6
- 2 6 6 1 2 3 3 5
- 10 4 1 2 2 2 2
- 14 2 1 4 2 1 2
- 15 1 1 2
- 12 3 1 5 4
- 13 3 2 3 3
- 11 2 3 2
- 9 2 3 9
- 9 2 2 2 4 2 4 6
- 5 3 2 2 2 1 1 4 2 5 2
- 3 1 2 1 2 1 1 3 8 3 1
- 3 1 2 1 3 2 2 3 1
- 3 3 4 5 5
- 3 2 2 3 4 5
- 4 2 2 2 6
- 11 3 2 3 1 1 1
- 3 1 1 2 2 2 3 1 1 1
- 3 3 1 1 4 1 1 1 1
- 3 8 3 1 1 1 1 1
- 3 8 1 1 22
- 2 4 4 1 2 2 2 2 2 2
- 2 3 7 1 2 1 2 1
- 2 3 4 6 2 1 2
- 2 3 3 3 1 1 1
- 2 3 3 3 2 1 2
- 2 4 2 4 1 1 1
- 2 5 4 3 5 1 4 1
- 9 1 2 9 1 9
- 3 6 1 1 11 4
- 3 13 7 5
- 2 5 2 6 2
- 2 3 2 2 4 9
- 2 1 2 2 3 2 2
- 5 2 2 3 2 2
- 3 6 2 3 2 2
- 2 2 2 3 2 2
- 8 13 2 13
- 6 12 2 12

40×50

40×50

Row clues (top to bottom):

- 6 8 14 2 4
- 5 12 12 2 5
- 5 12 11 2 6
- 5 9 3 9 2 7
- 4 10 3 8 2 8
- 4 7 2 2
- 5 2 2
- 2 2 3 3 2
- 2 1 2 3 2 4 3
- 4 1 1 2 10
- 6 2 1 2 11
- 4 2 4 5 12
- 2 3 5 2 11
- 2 8 2 1 1 11
- 2 2 2 4 1 1 5
- 2 1 2 2 1 3 1 2 3 4
- 1 2 4 1 1 1 2 1 3
- 1 1 3 1 1 3 1 1 1 1
- 1 2 1 2 3 5 1 3 1 1
- 1 3 1 2 7 3 2 2
- 1 1 1 2 10 4
- 1 1 2 2 11 7
- 1 1 1 1 15 5
- 1 2 1 1 2 9 6
- 2 1 1 3 1 9 8
- 1 1 1 1 3 7 8
- 1 4 1 2 1 9 4
- 5 2 2 1 18 4
- 3 1 2 1 2 9 4
- 4 2 2 4 8 5
- 16 13 5
- 16 14 6
- 15 3 1 7 7
- 15 1 1 3 7
- 13 2 2 10
- 2 5 1 1 3 2 5 1
- 1 2 1 5 2 1 2 1
- 1 2 1 1 2 2 2 1
- 1 2 2 1 2 2 2 2
- 1 2 1 2 3 3 1
- 1 3 1 3 4 2
- 1 1 1 1 4 8
- 6 5 4 1 1
- 1 1 1 4 6 2
- 1 3 5 1 2
- 2 2 4 2 2
- 4 1 4 3
- 5 3 4
- 16
- 14

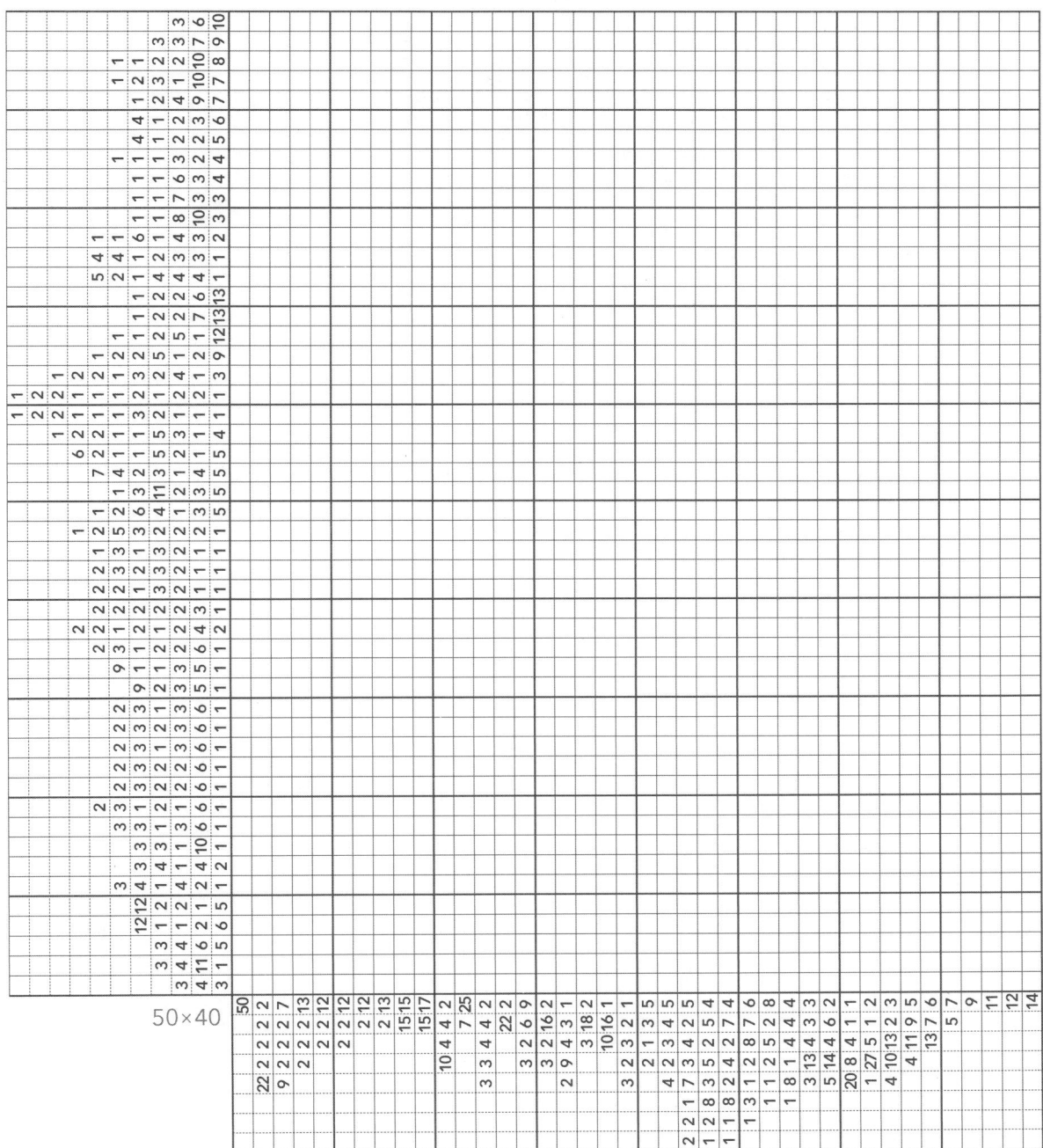

50×40

A28 우아한 빛깔이 나요

난이도 ★★☆☆☆

50×40

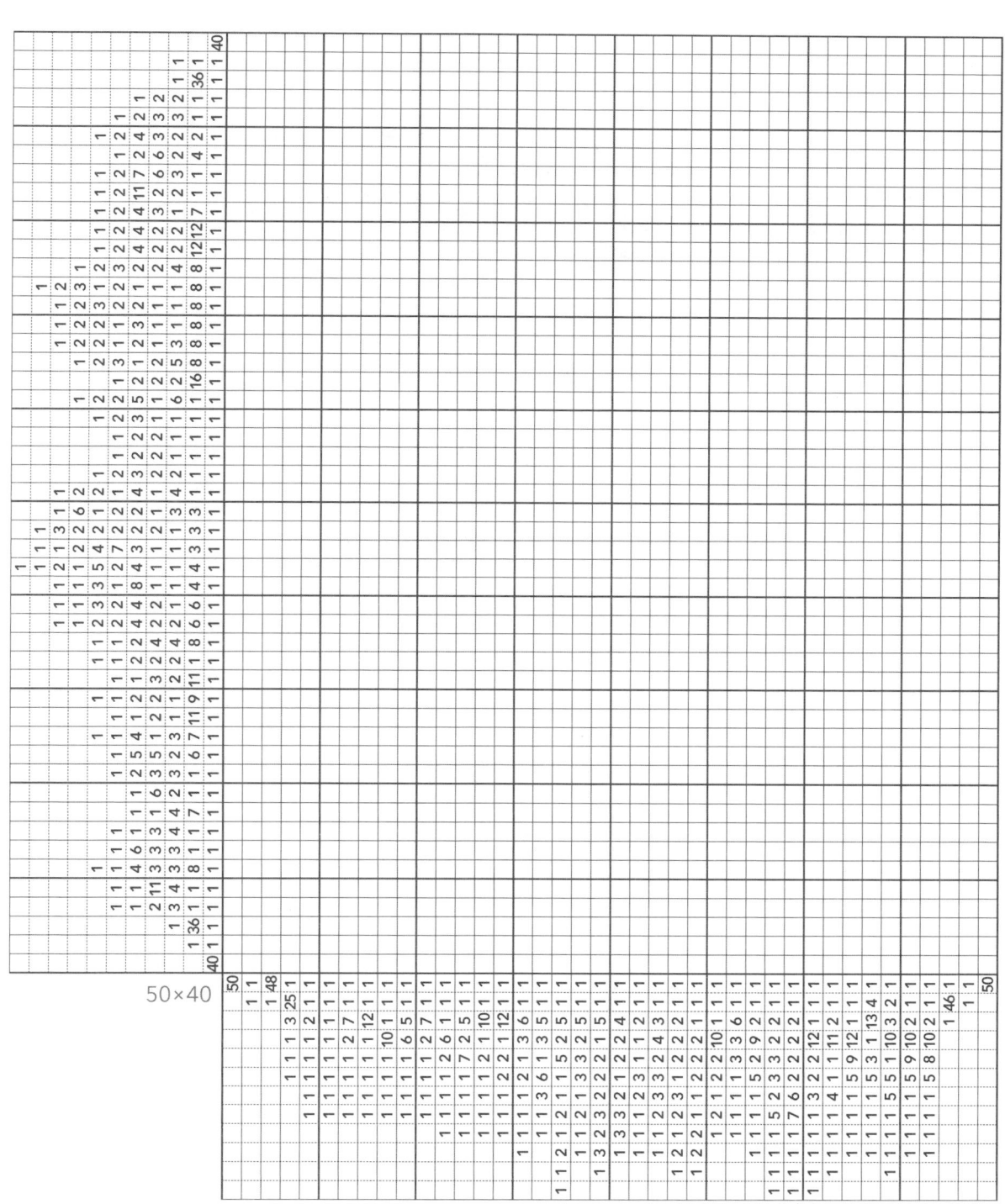

50×40

A30 오늘은 만선이다!

50×40

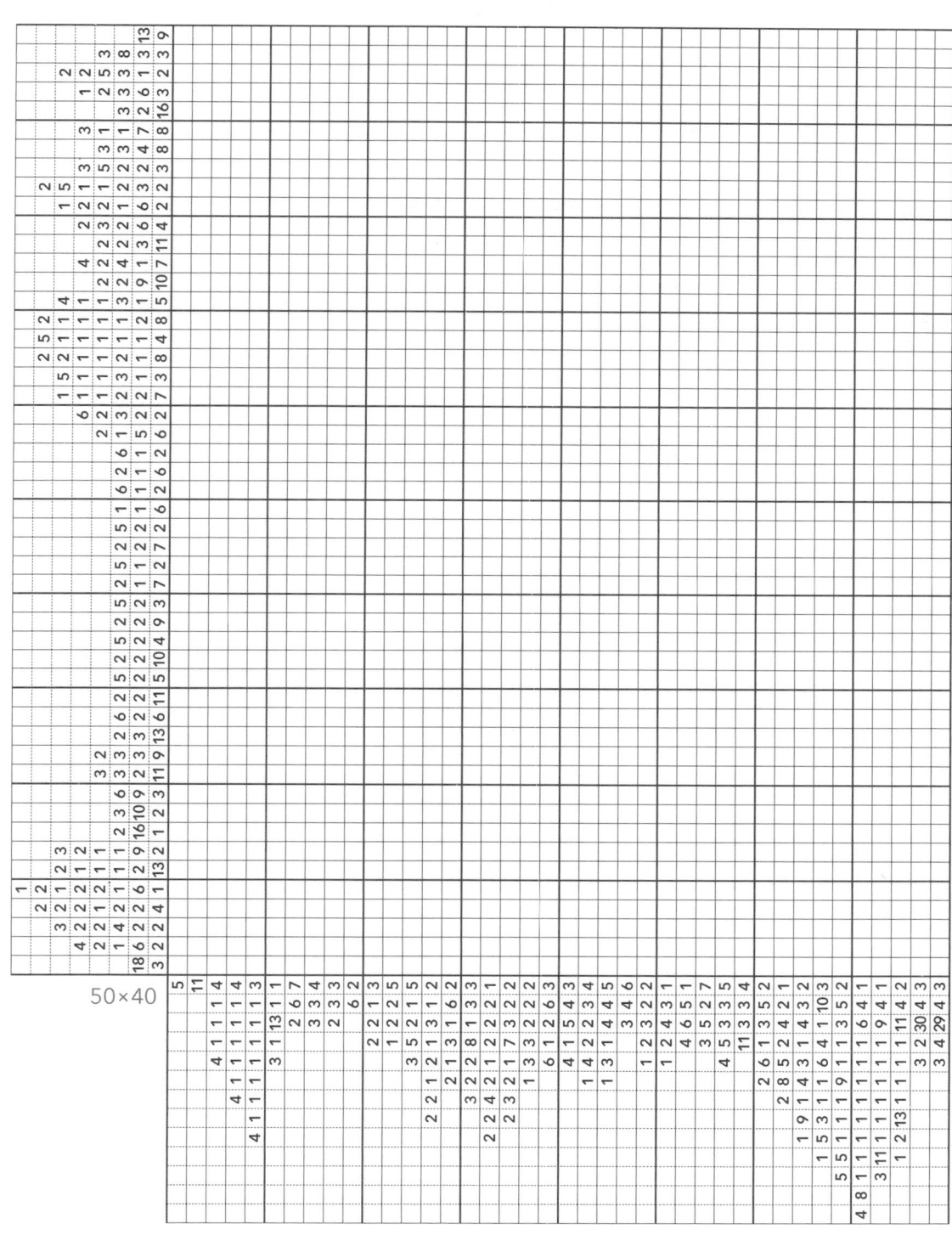

50×40

50×40

B33 잘 구분해서 버려야 해요

50×50

그녀는 어디를 보고 있을까요?

난이도 ★★★☆☆

50×50

50×50

B36 꼬끼오

난이도 ★★★☆☆

50×50

행	힌트
1	36 5 7
2	33 7 5
3	32 12 4
4	31 7 2 3
5	16 11 5 2 2
6	15 4 10 5 3 3
7	11 6 10 3 1 2 2 2
8	10 7 2 10 2 1 2 1 3
9	9 7 1 10 3 5
10	9 3 3 1 9 2 4
11	8 3 2 2 8 1 5
12	7 5 2 1 5 4 4
13	6 7 2 2 2 5 4
14	6 3 3 2 1 5 1
15	6 2 2 3 6 7 2
16	6 3 2 2 3 3 3 2
17	5 6 2 4 3 2 2
18	2 2 6 3 1 3
19	1 2 3 3 4 2 2 2
20	4 2 7 2 2 1 2
21	3 2 2 5 4 1 1 2
22	2 2 1 1 8 2 1 2
23	1 3 5 9 2 1 2 2
24	1 3 1 6 4 1 3 2 2 2
25	1 1 1 2 2 1 3 3 3 2 2
26	1 2 2 1 2 2 12 2 2 2
27	1 2 3 1 2 3 5 3 3 3 2
28	2 9 1 2 3 5 3 2
29	2 3 2 6 8 3
30	2 2 2 1 4 3 3 3 1
31	1 5 2 1 2 6 4 2 2
32	2 1 2 3 1 3 9 3 2
33	2 3 3 2 4 2 2 4 3
34	3 2 4 3 8 2 3 5 4
35	3 1 8 8 2 2 4 5
36	4 2 4 6 1 2 7
37	5 3 2 2 7 9
38	5 4 3 2 4 1 2 6
39	6 9 2 4 1 1 2 4 5
40	7 7 1 4 1 11 5
41	9 1 2 2 3 2 9 5
42	9 2 5 2 2 2 6 6
43	8 4 3 2 2 3 2 1 2 4 5
44	9 2 5 2 2 3 2 5
45	19 2 2 4 2 1 6
46	20 3 2 5 2 9
47	21 7 7 10
48	22 1 2 18
49	22 3 4 17
50	23 4 2 18

열	힌트
1	17 7 20
2	17 2 2 19
3	17 1 3 2 17
4	17 2 1 2 4 15
5	17 1 2 2 1 2 14
6	16 1 1 1 6 12
7	12 3 1 1 2 3 11
8	11 6 2 2 2 10
9	10 6 4 2 3 2 7
10	8 4 2 4 4 3 1 6
11	7 5 1 2 3 2 4 5 6
12	6 6 1 2 1 2 3 2 2 6
13	6 3 3 2 4 2 2 2 1 6
14	6 2 2 4 2 1 2 2 6
15	6 2 2 6 2 5 6
16	5 4 2 2 3 2 6 6
17	4 6 2 1 2 2 3 2 2 6
18	4 3 4 2 2 2 4 2 2 6
19	4 2 4 8 2 5 6
20	4 3 3 3 5 3 2 2 5
21	5 5 5 2 10 2 2 4
22	6 3 2 4 1 7 4 2 3
23	9 3 2 1 4 5 5 1 1
24	12 3 2 2 4 4 3 2 2 1
25	13 2 6 5 2 2 1 4
26	13 2 1 3 2 2 2 1 1 1 2
27	12 2 1 2 3 2 3 1 2 1 1
28	12 2 2 2 3 5 2 1 1
29	11 2 1 5 2 2 3 3
30	11 2 2 3 1 1 2 4 5
31	11 2 1 2 3 2 2 2 2
32	3 4 2 2 2 2 3 2 2 1 1
33	2 3 2 1 2 4 4 4 3 1
34	1 5 2 1 2 2 3 3 12 6
35	1 10 1 1 3 2 2 2 1 2 7
36	1 7 1 3 3 2 1 1 2 8
37	5 1 2 3 1 1 2 6
38	4 1 3 3 8 4
39	4 1 3 2 10 3
40	3 2 2 3 3 3 3 3
41	3 1 1 3 3 5 4
42	3 3 2 3 1 2 2 6
43	2 3 5 3 1 2 3 5
44	1 1 2 7 2 2 3 2 5
45	1 2 7 3 3 1 6
46	2 4 5 4 16
47	3 2 7 4 17
48	4 1 2 3 4 3 18
49	5 3 14 20
50	5 2 10 21

50×50

50×50

50×50

B40 여럿이서 사진 찍을 때 좋아요

난이도 ★★★☆☆

50×50

14	22										
4	7	10	12								
2	12	4	9								
7	9	4	7								
2	2	7	3	4	6						
2	2	2	5	1	4	6					
2	3	5	1	3	2	7					
1	3	9	2	1	8						
2	3	10	4	10							
1	3	3	1	1	2	22					
1	3	3	1	6	1	3	11				
1	3	3	3	8	10						
1	3	2	1	3	1	1	9				
1	3	2	1	1	2	2	2	6			
1	2	2	3	1	1	4					
2	2	1	2	3	1	4	3				
4	2	1	1	2	3	2	7	2			
3	2	1	3	2	2	9	2	2			
2	2	1	3	2	12	4	2				
1	4	1	17	6	2						
1	20	2	6	2							
1	16	7	2								
1	11	6	3	3							
2	2	4	2	1	2	1	2				
1	2	3	1	4	1	1	3				
2	2	2	1	1	1	3	2				
3	2	3	5	1	3	2					
5	3	6	1	2	3						
3	5	3	2								
10	3	4	2								
4	1	4	7								
4	1	2	7								
6	5	2	2	5	2						
8	4	2	2	1	5	2					
8	5	2	2	3	2						
8	4	5	3	4							
8	5	10	2	6							
9	4	16	7								
1	1	2	5	14	8						
8	6	3	1	4	2	3	7				
7	2	2	2	2	3	2	7				
7	4	2	2	2	3	1	5				
8	3	3	2	1	4	1	2				
1	1	2	3	3	1	3	2				
9	4	2	2	1	1	2					
8	4	2	3	2							
2	5	4	1	4	1	2					
1	6	5	4	1	2						
2	5	7	5	2	2						
6	5	8	3								

8	3	3									
3	2	5	4	5							
2	2	6	4	3	2						
2	8	14	1	1							
2	15	6	4	6							
1	7	3	6	4	6						
1	5	4	2	6	4	6					
1	4	3	4	2	6	4	6				
4	4	3	2	6	6						
2	2	3	3	1	6						
4	7	6	1	4							
3	3	2	2	1	2						
2	3	4	7	2	4						
1	3	2	1	2	3	2	3				
1	5	2	4	5	3						
1	5	1	1	4	3						
2	1	3	1	3	3						
3	1	2	1	5	5	3					
6	2	1	5	8	3	7					
6	1	1	3	10	4	10					
8	2	7	3	3	3	8					
6	3	3	2	4	3	3	3	6			
4	2	1	2	4	5	2	4	2	3		
2	3	1	4	4	6	3	2				
6	2	1	5	4	3	2	2	2			
4	1	1	5	6	3	1	1				
5	2	8	3	2	3	4					
2	2	4	6	3	5	1	2	2			
3	2	2	5	8	5	2	2				
2	2	1	5	7	9	3					
2	1	1	4	2	2	2	11	4			
2	1	1	5	1	4	4	8	4			
2	2	1	4	1	1	2	3	3	2	2	1
2	1	1	2	3	2	3	2	2	1		
1	1	1	1	2	4	1	1	2	3	2	
1	2	1	3	2	1	4	4				
1	1	1	1	6	2						
1	1	1	3	5	2	1					
3	1	8	7	1							
2	2	4	7	2							
2	4	4	6	1							
3	5	4	4	3							
3	6	4	4	4							
4	7	2	5	5	1						
14	9	14									
14	6	2	15								
25	7										
23	6										
16	4										
15	3										

긴 막대를 이용해 뛰어넘어요

난이도 ★★☆☆☆

55×55

Row clues (left to right, top to bottom):

- 1 2
- 1 2
- 1 2
- 1 9 20
- 1 2 5 2 26
- 1 7 6 8 21
- 1 6 2 2 4 8 12 5
- 1 5 2 3 4 8 16
- 1 4 2 2 3 9 7 7
- 1 3 2 1 2 2 10 14
- 1 1 2 2 2 2 11 12
- 1 4 4 2 1 11 12
- 1 4 2 2 1 12 11
- 3 1 2 2 2 12 10
- 2 2 3 4 13 3
- 1 2 1 9 11 2 1
- 2 3 4 5 11 1 3
- 2 2 4 4 2 6 2 4
- 5 14 4 2 1 4 1
- 2 1 11 3 6 2 5 3
- 1 1 12 2 7 1 3 4
- 1 2 13 2 8 1 3 4
- 2 1 13 2 10 5 4
- 2 1 13 1 8 5 4
- 3 12 1 7 2 5
- 3 13 2 7 3 5 1
- 3 10 3 2 4 4 1
- 3 5 4 2 4 4 1 1
- 3 1 3 3 4 4 1 1
- 3 1 4 4 6 2 2
- 4 2 4 3 6 3
- 1 1 1 1 5 3 1 5
- 2 1 1 2 4 2 1 1 3
- 2 1 4 5 3 1 1 3
- 1 1 4 1 2 2 2 3 2
- 1 1 5 1 2 1 5 3
- 1 5 4 1 4 2 2 3
- 2 3 5 2 5 2 2 3
- 4 1 7 2 5 1 1 2
- 1 4 2 2 5 2 2 2
- 1 2 5 2 3
- 4 4 6 1
- 2 1 8 6 1
- 2 4 5 1
- 6 6
- 4 9 24 3 5
- 4 4 27 6 6
- 1 2 14 13 5 13
- 5 8 13 15 10
- 5 43
- 5 13
- 1 1
- 1 1
- 1 1
- 1 1

B42 딱 한 잔도 안 됩니다

55×55

55×55

55×55

55×55

55×55

난이도 ★★★☆☆

55×55

55×55

B49 눈 위를 미끄러져요

난이도 ★★★⯪☆

55×55

열	힌트
1	6 7 6 2 9
2	2 2 4 4 2 6 2 9
3	2 1 5 3 7 7 4 5
4	5 9 8 10 4 5
5	5 9 7 6 7 5
6	5 9 7 6 5 4
7	5 11 3 2 3 1 1 3 4
8	1 4 7 1 2 1 3 2 1 3 3
9	7 4 2 5 2 2 2 3 3
10	7 2 7 1 3 1 2 1 3
11	8 1 6 1 4 2 2 2 3
12	5 2 2 6 1 2 1 1 3 2
13	1 5 1 4 1 2 2 1 2 2
14	1 5 2 3 2 2 2 2 1 2
15	6 5 2 1 2 2 1 4
16	4 5 2 1 2 2 2 2 3
17	4 2 3 2 2 2 5 1 1 3
18	3 2 3 10 7 3 2 2 3
19	3 1 3 3 5 2 1 2 3 2
20	2 2 2 3 5 2 2 3 5 2
21	2 1 3 1 2 4 2 1 5 3 2
22	1 2 4 3 2 4 1 2 6 2 1
23	1 2 4 3 4 2 1 2 7 2 1
24	1 2 5 1 3 4 2 1 2 8 3
25	2 5 3 3 4 4 1 13 2
26	3 4 3 3 4 7 9 2 2
27	3 4 1 1 2 4 7 7 1 1 2
28	4 3 2 5 7 3 2 2 1 2
29	4 3 2 5 7 3 3 1 1 3
30	5 4 6 10 2 3 3
31	5 4 7 10 2 3 3
32	5 13 1 6 3 3 4
33	6 2 12 3 8 2 2
34	9 6 1 2 6 3 2
35	9 5 2 2 1 3 2
36	9 5 1 2 3 2 2
37	20 1 3 4 1 3
38	2 6 4 5 5 5 2 1 4
39	1 4 4 5 3 3 7 2 2 1 4
40	1 1 4 6 6 3 2 2 1 4
41	2 2 5 7 4 2 2 1 7
42	3 5 8 4 2 2 1 7
43	6 7 6 2 3 10
44	7 6 3 3 2 15
45	6 6 3 4 2 16
46	7 5 3 3 2 2 2 5 8
47	7 5 2 4 2 2 2 1 12
48	7 4 3 3 4 2 3 13
49	6 3 3 3 1 2 2 5 3 5
50	6 3 2 3 3 4 2 1 3 11
51	5 2 2 3 4 2 1 15
52	5 3 3 3 3 2 1 17
53	4 3 3 3 7 1 18
54	4 2 3 3 4 20 3
55	4 2 2 3 9 3 15

행	힌트
1	24 4 9
2	7 4 7 6 2 2 10
3	1 9 5 14 1 1 12
4	1 14 19 2 12
5	15 3 14 10
6	2 4 3 2 10 9
7	5 6 2 5 8 8
8	7 4 1 9 7 6
9	8 1 13 5 5
10	9 1 2 10 4 5
11	11 4 8 9
12	6 4 1 4 5 6
13	6 2 4 5 2 3 9
14	6 1 5 2 2 1 2 10
15	5 2 3 1 3 1 1 1 9
16	1 3 2 2 2 9 3
17	3 2 1 6 7 4
18	2 1 6 14 3
19	4 3 3 6 13 4 2
20	13 4 4 13 3 3
21	14 4 8 2 4 3
22	6 7 17 2 4 4 1
23	6 9 15 1 3 4 2
24	1 10 2 14 2 3 4 3
25	7 1 9 1 3 5 4 4
26	4 1 3 4 4 4 1
27	1 3 8 4 2
28	6 1 1 6 3 3
29	2 3 1 5 2 7 5
30	1 3 7 1 3 6
31	2 1 10 2 6 1
32	1 1 15 3 2 3
33	4 2 7 14 2 4
34	6 8 11 3 2 5
35	6 7 3 7 2 2 2 1
36	11 7 2 1 2 2 4
37	6 5 2 2 2 2 2
38	9 4 3 2 2 2 3
39	3 3 8 3 2 2 3 5
40	1 4 11 2 2 2 3
41	1 3 2 5 5 1 2 2 7
42	2 3 1 10 5 13
43	2 1 2 2 5 3 4 5 8
44	2 2 1 6 2 3 9 5
45	2 2 2 6 2 2 2 12
46	5 2 1 5 4 2 6 6
47	7 1 5 3 2 5 9
48	9 1 7 3 3 13
49	4 2 2 3 5 2 15
50	2 5 1 3 2 2 11 6
51	5 3 2 3 2 3 15
52	7 4 2 4 4 16 1
53	11 4 2 4 19
54	21 32
55	30 16 7

50×60

Row	Clues
1	10 5 3 1 5 2
2	14 5 3 1 5 2
3	16 5 3 1 5 2
4	11 4 9 1 5 2
5	10 3 7 1 5 2
6	11 2 1 2 6 1 5 2
7	12 1 1 4 5 1 5 2
8	12 6 13 2
9	15 3 4 5 4 2
10	15 3 3 5 3 2
11	9 1 3 3 5 4
12	7 2 6 4 3
13	5 8 4 2
14	2 3 2 6 5 2
15	3 2 2 10 5 2
16	3 6 1 2 11 7
17	3 5 1 1 15 3 6
18	3 5 1 1 1 7 3 5
19	3 5 1 1 1 4 2 3
20	3 5 1 4 8 1 1 2 2
21	3 5 1 2 6 2 1 1 1 2 1
22	3 7 1 2 1 1
23	11 1 1 3 2
24	1 1 2 8 2 1
25	1 10 3 1 3 2
26	14 3 2 7
27	15 1 2 4
28	14 5 12
29	14 5 4 3
30	13 5 2 4 3
31	13 1 4 2 2 1 5
32	14 1 9 2 1 1 3
33	15 3 6 2 4 2
34	15 2 4 3 4 2
35	22 1 1 1 3
36	1 9 2 1 2 1 2
37	2 2 2 1 1 1 6 2
38	2 2 1 1 4 1 2 2
39	1 3 2 2 5 2 5
40	2 2 1 11 2 2
41	1 2 2 20
42	2 2 2 13 2 1
43	2 1 1 13 2 3
44	3 1 6 14 2 5
45	6 10 15 9
46	1 5 2 25 9
47	5 1 14 18
48	1 14 10 4
49	2 13 8 2
50	1 14 2 7
51	1 1 5 5 7
52	1 2 7 7 1
53	4 10 7 3
54	11 7 5
55	11 7 7
56	12 16
57	13 5 10
58	13 1 8
59	14 3 7
60	13 20

50×60

B52 어푸~ 어푸~

난이도 ★★★☆☆

50×60

Column clues (top to bottom)

1. 46 2 6
2. 16 7 21 4 6
3. 46 1 3 6
4. 11 6 11 10 1 1 9
5. 9 3 11 2 3 2 1 1 6
6. 8 6 6 4 4 5 1 1 3
7. 6 2 3 10 3 5 4 1 1 2
8. 4 6 1 5 6 2 3 1 2
9. 3 8 4 2 6 2 1 2 1 1
10. 2 7 7 4 5 7 1 1 1
11. 1 7 7 2 2 3 7 1 1 1
12. 1 7 2 4 2 2 1 3 1 1 1
13. 1 6 2 1 4 3 1 1 2 1 1 1
14. 1 6 2 3 2 5 1 1 1 1
15. 9 3 2 2 2 3 2 1 1 1 1
16. 6 5 6 2 3 2 2 3 1 1 1
17. 5 2 2 2 2 3 2 2 2 3 1 1 1
18. 6 2 2 4 3 2 1 1 6 2 1 1
19. 6 2 2 1 2 4 2 2 2 1 1 4 1 1
20. 6 2 2 1 2 3 1 2 1 1 5 1 1
21. 5 1 4 2 4 2 2 4 2 1 2 1
22. 5 1 4 1 2 2 3 1 6 1 2 1
23. 5 1 5 2 1 1 1 2 1 2 1
24. 3 5 4 2 1 2 1 2 1
25. 3 6 5 1 1 4 1 2 1
26. 3 6 8 1 1 2 1 2 1
27. 2 2 5 3 2 2 1 2 2
28. 1 1 7 3 2 3 1 2 2
29. 2 8 4 2 3 1 2 4
30. 2 5 4 2 3 2 7
31. 2 2 6 2 3 11
32. 7 8 3 4 7 11
33. 2 5 2 3 5 7 7
34. 1 4 3 4 1 4 7
35. 3 7 2 2 4 2 2 7
36. 11 4 3 1 4 3 7
37. 9 1 2 3 4 3 7
38. 7 1 2 5 3 7
39. 11 2 1 6 3 7
40. 11 3 1 2 4 2 7
41. 2 1 3 2 2 2 7
42. 1 4 2 3 2 7
43. 9 1 5 3 3 3 7
44. 1 1 6 3 3 7
45. 7 3 8 4 1 4 7
46. 1 3 10 5 5 7
47. 1 3 13 9 7
48. 1 3 17 4 7
49. 1 3 20 9 7
50. 1 3 23 23

Row clues (left to right)

1. 14 6 2 2 1 1
2. 10 12 2 2 1 1
3. 9 17 3 2 1 1
4. 8 20 2 2 1 1
5. 7 14 2 7 1 1
6. 7 12 2 8 1 1
7. 6 9 2 6 1 6
8. 6 8 5 1 6 1
9. 5 6 6 1 6 8
10. 4 5 4 1 6 6
11. 4 1 2 1 4 19
12. 3 2 2 13 3
13. 3 2 2 16 2 17
14. 3 2 6 6 3 3 12
15. 4 2 5 2 4 2 2 11
16. 4 1 3 2 2 2 4 9
17. 1 3 5 2 1 3 2 4 8
18. 5 3 2 2 3 1 2 7
19. 7 5 4 2 2 2 6
20. 8 2 2 2 2 1 1 6
21. 3 5 5 2 2 2 5
22. 9 3 1 2 2 1 5
23. 8 2 1 1 3 2 2 4
24. 8 1 2 1 1 1 2 1 1 4
25. 1 3 1 1 6 2 3 1 1 4
26. 7 2 7 3 1 2 3
27. 7 1 9 2 1 1 3
28. 4 2 1 2 8 2 2 1 3
29. 6 1 3 8 2 1 3
30. 5 3 2 7 2 2 2
31. 4 5 4 8 1 2
32. 4 2 5 1 3 4 8 1 2
33. 3 4 1 6 4 2 2 2 1
34. 3 2 1 2 3 3 1 2 2 2 1
35. 3 2 1 1 3 2 4 2 1 2 1
36. 3 2 1 2 1 2 2 5 3
37. 4 1 1 2 1 3 3 2 8 3 1
38. 4 2 1 2 2 2 1 9 2 2
39. 4 5 3 3 2 4 2 1 2
40. 4 2 4 9 1 5 1 2 2
41. 4 1 2 1 2 2 1 3 2 2
42. 4 1 2 1 2 2 2 2 1 2
43. 4 2 2 3 2 2 2 2 2 2
44. 4 2 3 3 1 1 2 1 1 1 2
45. 5 1 3 2 4 2 2 2 1
46. 5 2 5 3 5 2 1
47. 2 3 5 8 1
48. 41 1
49. 2 7 1
50. 33 1
51. 2 13 1
52. 2 2 1
53. 1 2 1
54. 1 21
55. 5 21
56. 5 21
57. 5 22
58. 6 22
59. 8 24
60. 50

50×60

Row clues (left side):

- 30 7 8
- 29 11 7
- 28 14 6
- 12 10 14 5
- 11 5 8 16 5
- 9 7 8 16 5
- 5 7 8 3 12 5
- 2 2 7 8 2 9 4
- 3 1 9 9 1 7
- 3 1 5 6 4 4 1 4
- 6 8 3 4 2 1 5
- 6 7 5 2 1 1 6
- 6 7 5 4 1 2 8
- 4 6 12 2 3 9
- 6 4 12 2 2 8
- 6 2 6 6 6 8
- 4 2 7 4 5 2 4
- 3 2 3 4 2 2 2 3
- 1 2 2 1 4 1
- 1 2 2 7 2 1
- 1 2 2 11 1 2
- 2 1 1 13 1 1 1
- 2 1 1 15 2 1 1 1
- 2 1 1 15 1 2 1 1 1
- 2 1 1 18 1 2 1 1
- 2 1 1 4 12 2 1 2 1
- 10 4 7 3 3 2 2 1
- 1 6 3 4 2 2 3 1 2
- 1 8 2 1 4 2 1
- 1 8 3 4 1 2 3 2 1
- 1 8 1 1 2 6 3 2 1
- 1 6 1 1 4 3 3 3
- 1 6 3 2 4 6 5
- 1 6 3 2 3 5 5 12 1
- 1 8 2 4 6 6 6
- 3 7 8 2 2 10
- 4 5 12 1 4 3 4
- 6 2 2 3 1 11 1
- 4 2 4 1 14
- 5 6 1 2 10 3
- 2 5 3 1 2 3 7
- 3 1 3 1 8 5
- 2 1 4 1 12 1
- 1 2 1 5 16
- 1 8 9 7 7
- 5 1 7 2 3 8 2
- 1 1 2 2 1 13
- 3 1 1 2 14
- 1 1 1 2 3 3 7
- 1 2 2 4 9 2 2
- 2 1 2 4 1 10
- 1 1 3 1 1 1 5
- 2 1 5 1 1 1 1 1
- 1 2 5 3 1 1 1
- 2 1 6 2 3 2 1
- 4 6 8 9 2 2
- 3 5 4 6 10 8
- 2 2 1 11 5 8
- 1 3 2 8 7
- 17 5

50×60

옛날에는 이걸로 노래를 들었어요 — B54 노노그램 퍼즐 (50×60)

B55 나무로 된 말이에요

난이도 ★★★☆☆

50×60

열	단서
1	28 3 2 4
2	10 8 7 7 3 5
3	7 4 8 4 1 5
4	10 3 4 2 4 2 4
5	12 4 4 2 12 2 3
6	6 5 6 12 3 5
7	7 4 11 4 6
8	11 1 4 3 5 3
9	10 5 3 3 4
10	5 1 6 3 3 2 3
11	7 3 5 4 2 3
12	9 2 4 4
13	8 2 7
14	8 3 1 9
15	6 8 2 5 4
16	3 15 6 4
17	7 12 6 3 4 3
18	10 13 1 2 3 4 3
19	11 14 4 2 4 4 3
20	26 5 1 5 3 3
21	7 2 14 7 2 3 3
22	8 13 4 4 1 4 3
23	10 13 1 1 3 2 3 2
24	9 6 5 1 3 2 3 2
25	8 1 3 5 1 6 3 2
26	6 2 1 2 1 1 1 3 1 3 2
27	6 1 3 2 1 2 7 1 3 3
28	4 2 2 1 1 2 4 7 3 3
29	8 2 1 12 1 4 1 4 3
30	4 2 2 9 2 2 2 4 3
31	4 6 5 3 4 3
32	5 4 4 3 3
33	5 1 5 3 3
34	5 4 4 4 3
35	5 2 2 8 4
36	4 2 4 5 4
37	4 2 1 3 3
38	4 3 2 5
39	5 8 6 2 3
40	4 27 2 3
41	2 5 1 10 9 4
42	3 2 7 2 6 7 4
43	7 5 3 3 1 4 9
44	10 5 2 5 1 2 3 5
45	8 4 2 2 1 4 4 4
46	5 4 3 1 4 4 3
47	5 4 3 3 1 2 1 2 4
48	9 4 4 1 4 5
49	12 3 2 2 4 5
50	5 3 4 1 2 4

행	단서
1	2 2 2 7 3 3
2	2 2 2 12 3 3
3	2 2 2 13 3 3
4	2 2 3 17 2 3
5	2 2 3 19 3 3
6	2 2 2 16 2 3 2
7	2 2 2 5 9 2 3 2
8	2 2 2 5 4 4 3 2 2
9	2 2 2 5 4 2 3 2 2
10	2 2 2 4 3 1 1 3 2
11	1 2 2 4 4 1 1 2 2
12	1 2 2 3 3 4 3 2
13	1 2 2 3 1 2 2 1
14	1 2 2 3 4 2 3 1
15	1 2 2 7 4 3 2
16	1 2 2 9 8 1 2
17	3 2 10 9 3 3
18	3 2 11 10 3 2
19	3 2 9 2 5 2 3 1
20	2 2 9 10 4
21	2 2 9 4 2 3 1
22	4 9 1 2 3 2
23	3 10 3 1 3 2 1
24	4 18 1 3 3 2 2
25	1 2 12 8 3 1
26	1 2 12 4 3 6 3
27	2 3 11 4 3 3 5
28	2 2 1 3 4 2 5 1
29	2 3 2 5 4 3 1
30	2 2 6 3 2 3 2
31	2 2 3 5 2 2 6
32	2 5 1 1 4 3 2
33	4 3 1 5 1 1 3
34	2 5 1 4 2 1 2
35	1 6 2 3 2 1 2
36	2 6 2 1 2 2 2
37	1 5 1 3 4 3
38	1 4 2 7 3
39	1 4 1 1 3 11
40	2 8 9 4 5
41	3 8 9 8 3
42	3 8 7 12
43	1 3 1 1 1 1 2 2
44	3 3 2 6 1 4 3
45	2 3 1 3 11 3
46	4 1 2 3 3
47	2 3 2 2
48	2 1 3 3 3
49	6 3 2 3 2
50	5 3 2 7
51	3 3 2 7
52	2 1 6 3 6 2
53	3 2 2 10 9 2 2 3
54	4 2 2 25 2 3 4
55	7 2 19 2 8
56	8 3 10 1 9
57	14 14
58	17 19
59	34
60	22

50×60

60×50

60×50

60×50

이쁘게 꾸며줘요

60×50

60×50

60×60

60×60

새 동아줄을 내려주세요

60×60

60×60

B66 기분 좋게 씻어요   난이도 ★★★☆☆

60×60

난이도 ★★★☆☆

60×60

B68 균형을 잘 잡아야 안 넘어져요

난이도 ★★☆☆☆

65×65

65×65

65×65

65×65

B72 더운 여름 필요한 디저트예요

난이도 ★★★☆☆

65×65

65×65

B 74 깍~ 팬이에요

난이도 ★★★☆☆

65×65

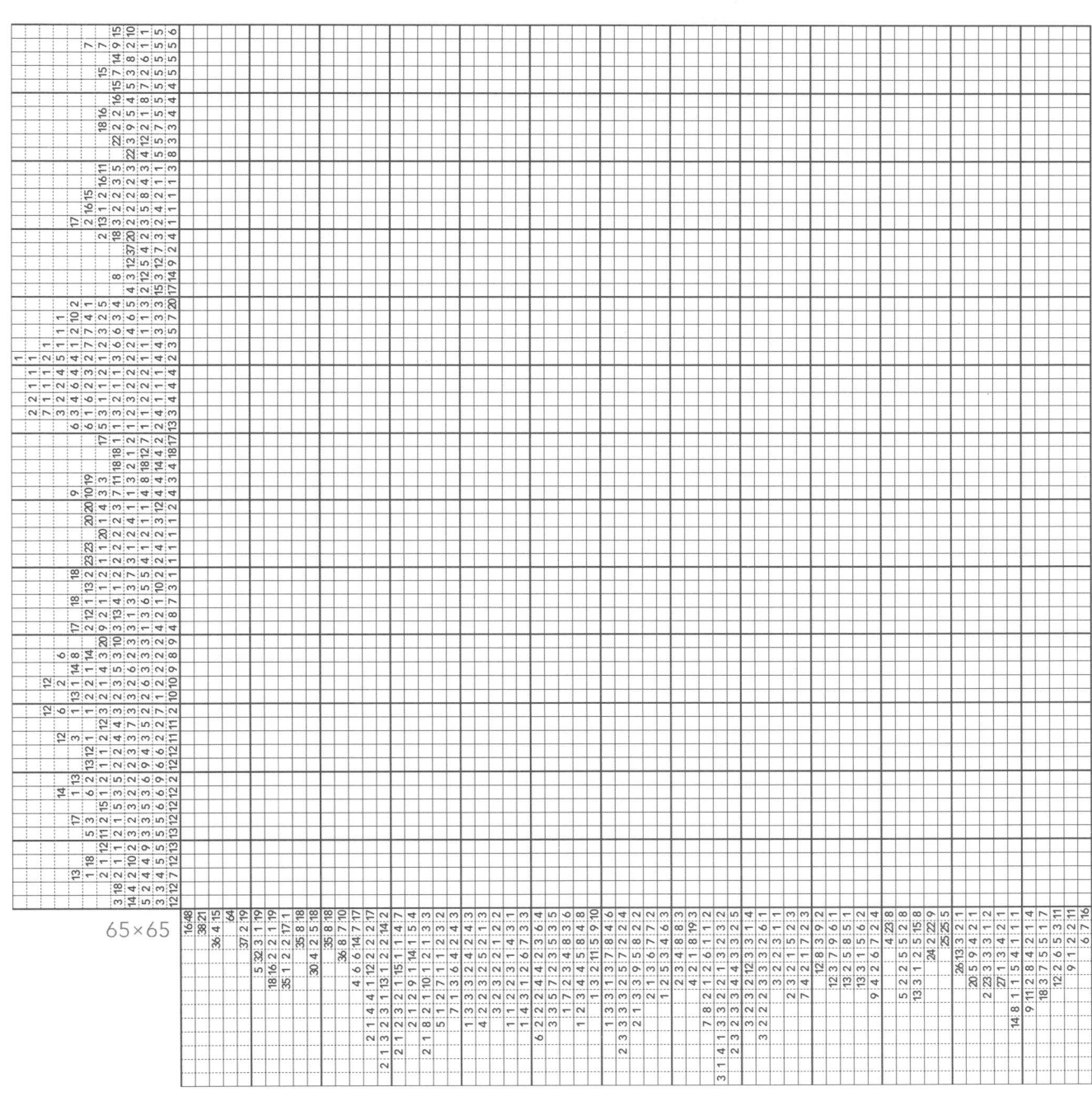

65×65

65×65

60×70

60×70

70×60

C80 무럭무럭 자라라

난이도 ★★★☆☆

70×60

세이프!

70×60

70×60

70×60

70×70

70×70

C86 상반신은 인간 하반신은 말이에요

난이도 ★★★☆☆

70×70

난이도 ★★★★☆

70×70

70×70

C89 수많은 책이 있어요

난이도 ★★★☆☆

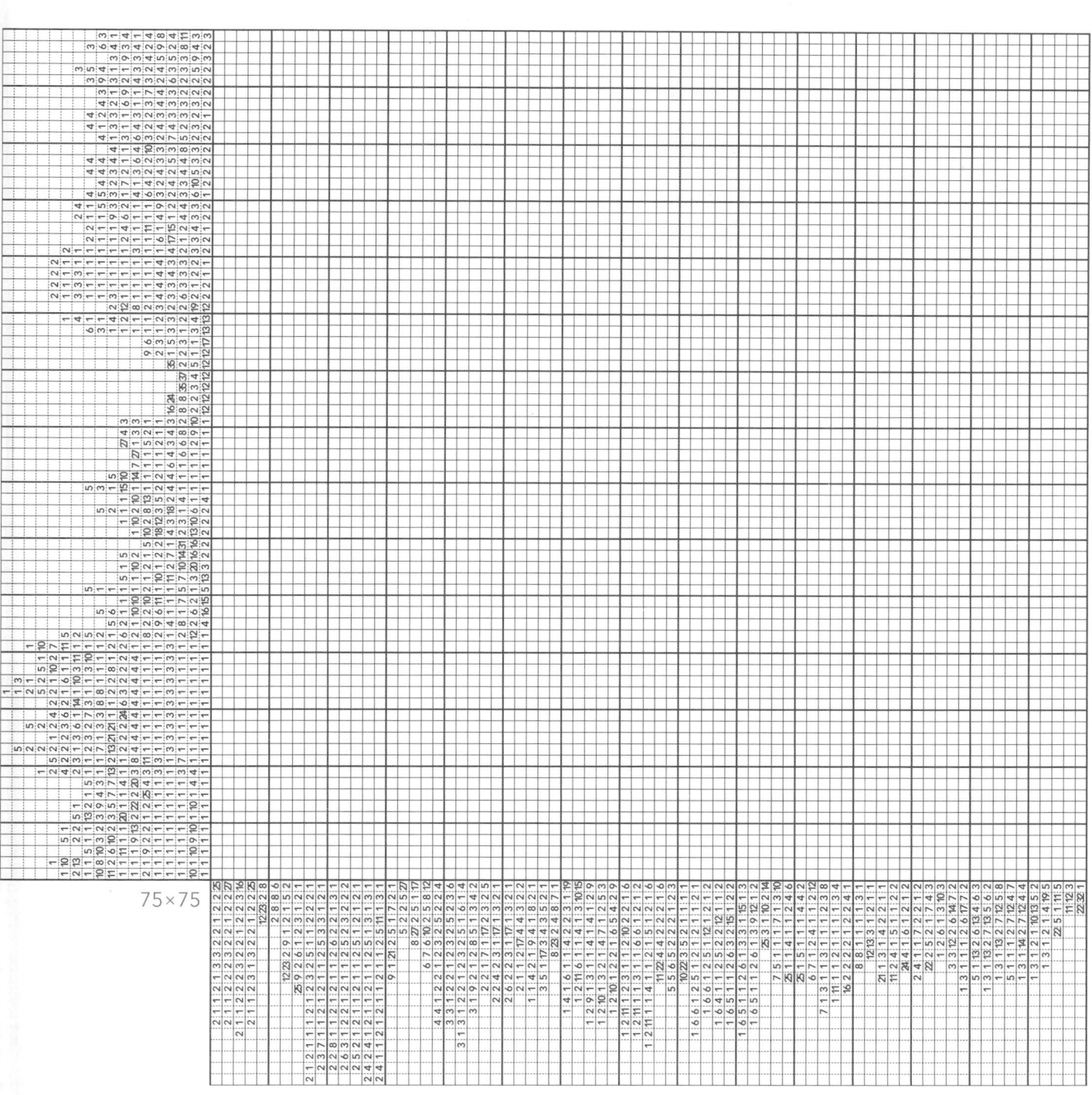

75×75

C90 더운 날 시원한 물속에서 놀아요

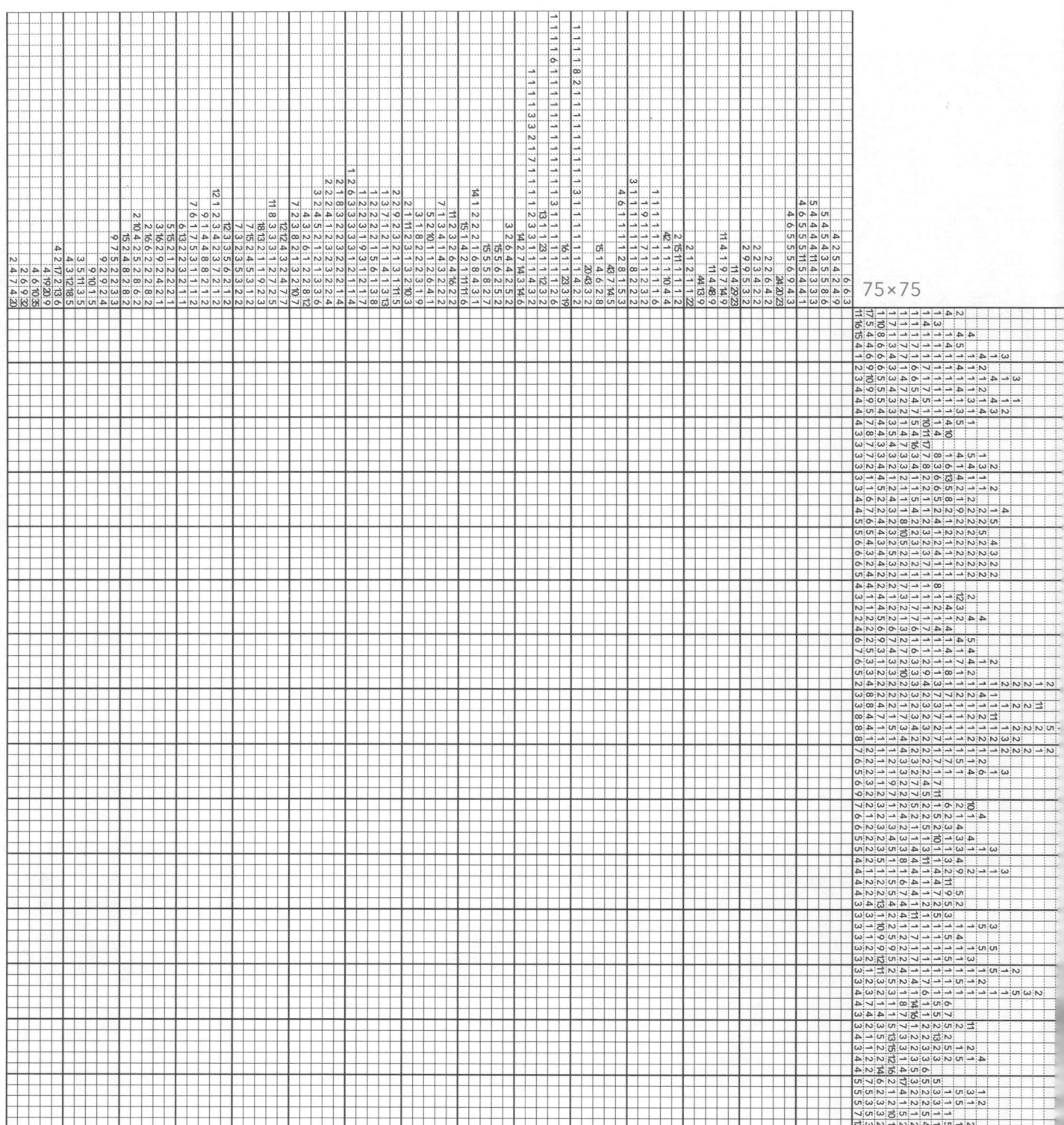

75×75

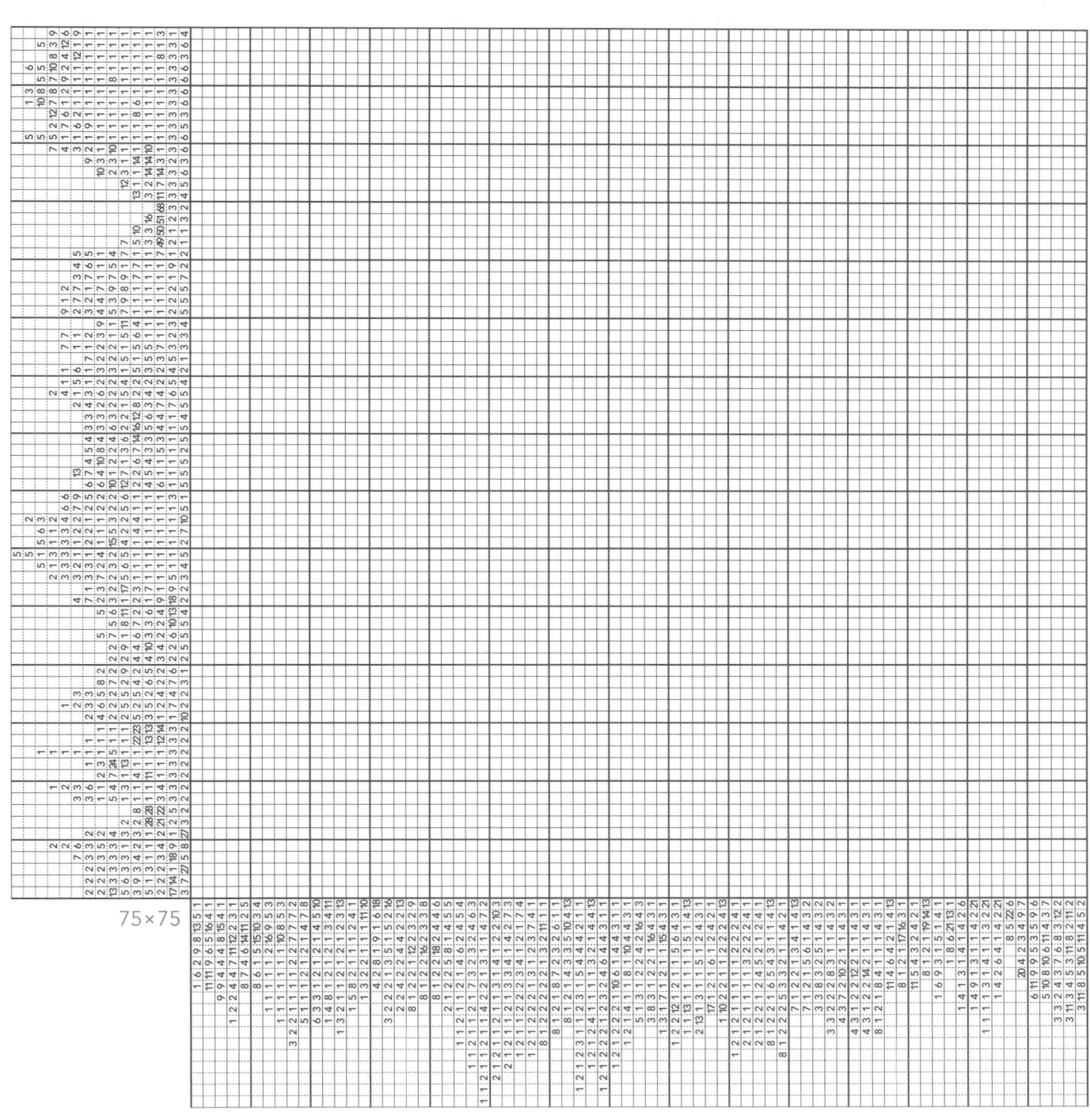

75×75

C92 농부들의 구슬땀으로 식물들이 쑥쑥 자라요

75×75

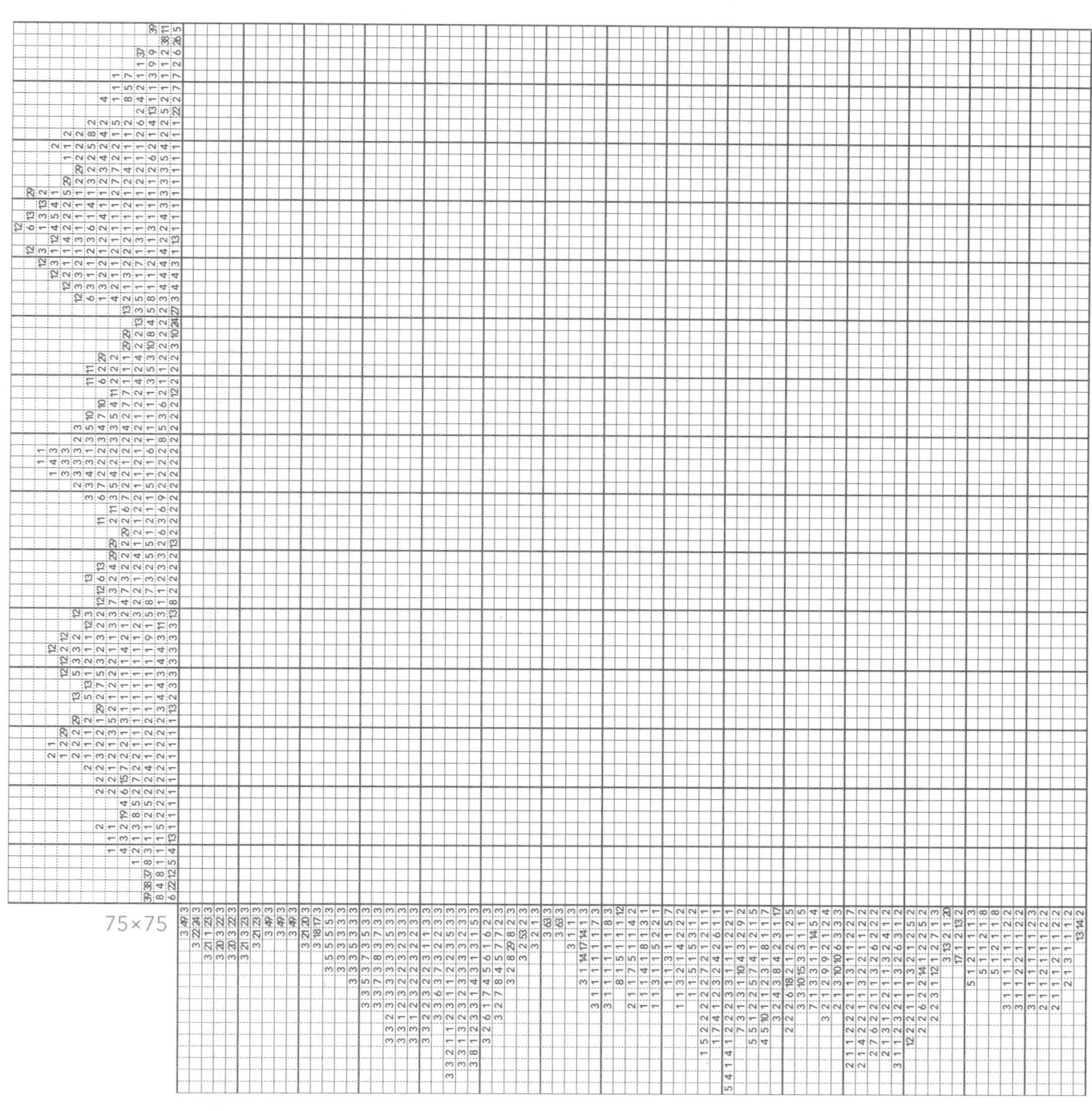

75×75

난이도 ★★★★☆

75×75

70×80

고요한 산속에 모닥불 타는 소리만 들려요

난이도 ★★★☆☆

70×80

70×80

70×80

70×80

C100 조개껍질 묶어~

80×70

C101 어려운 분들을 도와드려요

80×70

80×70

해답

A1 돛단배

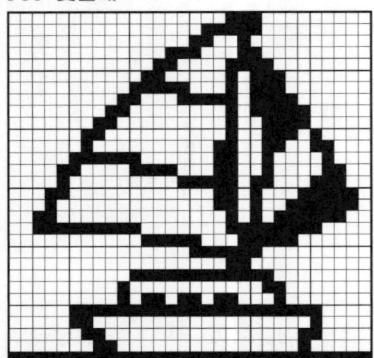

A2 고무장갑

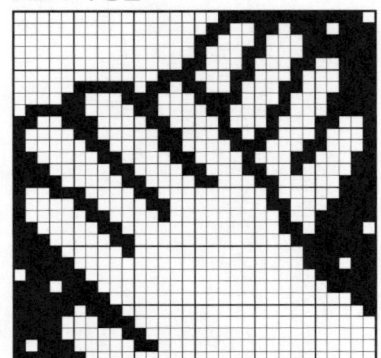

A3 해파리

A4 다리미

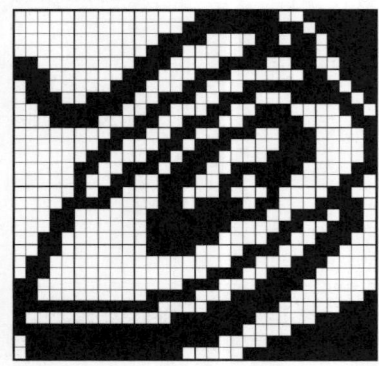

A5 풍향계

A6 궁예

A7 조각 케이크

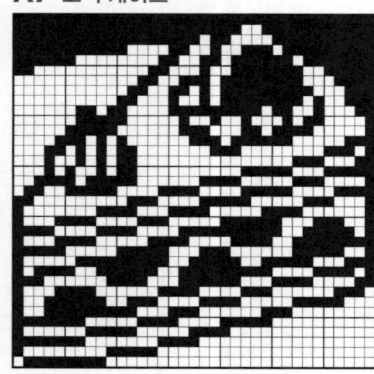

A8 개복치

A9 귀신

A10 복어

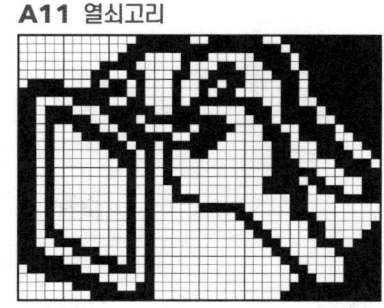

A11 열쇠고리

A12 먼지떨이

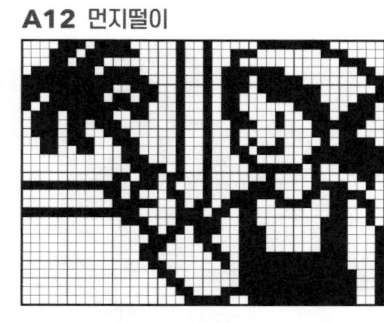

A13 너구리

A14 박수

A15 곰

A16 낙엽

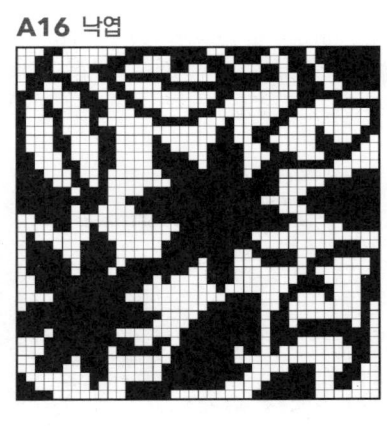

A17 스케일링

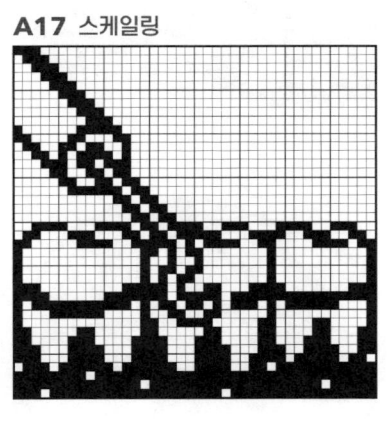

A18 벌집

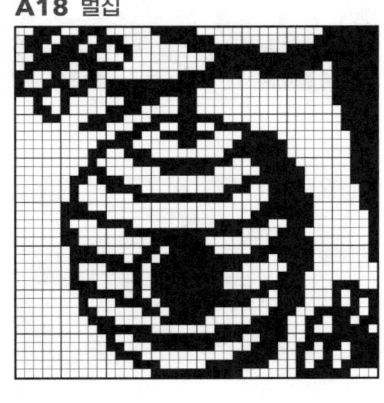

A19 음악 감상

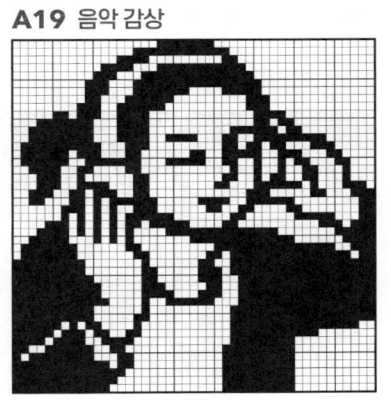

A20 역도

A21 종이학

A22 탐험가

A23 투포환

A24 토론

A25 수녀

A26 회초리

A27 레이싱 카

A28 진주 조개

A29 유리창 닦기

A30 어부

A31 도다리

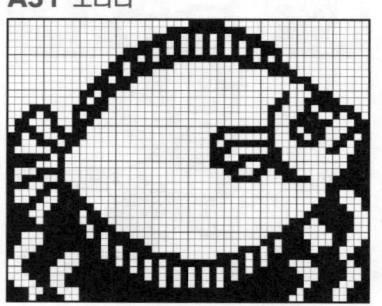

A32 돌다리도 두들겨보고 건넌다

B33 분리수거

B34 여자 옆모습

B35 덩크슛

B36 닭과 병아리

B37 면도

B38 마법사 망토

B39 중절모

B40 셀카봉

B41 장대높이뛰기

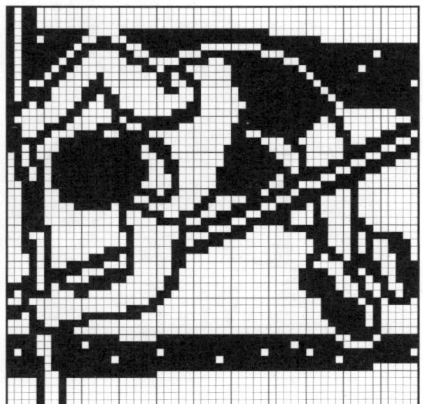

B42 음주 운전

B43 정원사

B44 교복

B45 나무 아래

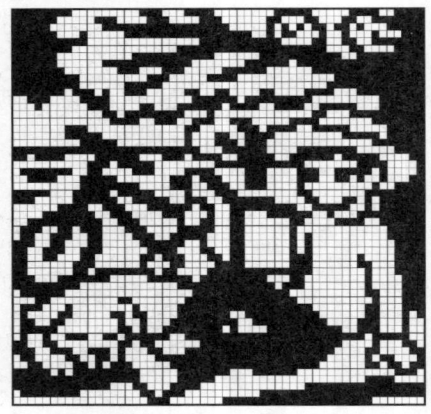

B46 교통 정리

B47 사육사

B48 빨래

B49 눈썰매

B50 출근

B51 다람쥐

B52 세수

B53 위로

B54 축음기

B55 목마

B56 놀이터

B57 기계 팔

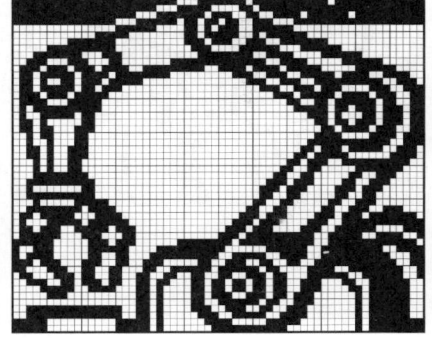

B58 가족사진

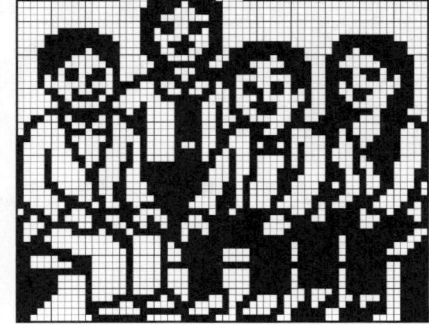

B59 합창

B60 메이크업 아티스트

B61 2인용 자전거

B62 바이올린

B63 청혼

B64 해님 달님

B65 환경미화원

B66 샤워

B67 탈춤

B68 스노보드

B69 레드카펫

B70 이사

B71 스파이크

B72 아이스크림

B73 해변 칵테일

B74 사인회

B75 낙타

B76 잭과 콩나무

C77 귀신의 집

C78 요정

C79 병원 진료

C80 텃밭

C81 도루

C82 토끼 가족

C83 플로리스트

C84 잠수함

C85 수상

C86 켄타우로스

C87 가면무도회

C88 작가

C89 서점

C90 수영장

C91 빗속에서 춤

C92 농사

C93 재판

C94 생일 파티

C95 스포츠 댄스

C96 산장

C97 조각가

C98 자동차 수리

C99 백호

C100 캠프파이어

C101 봉사활동

C102 어버이날